WANDERKARTE + APP
Die digitale Karte für das Smartphone

Die perfekte Orientierung – immer wissen wo man ist.
Mit der digitalen Karte ist man stets auf dem richtigen Weg.

Schnell und einfach . . .

. . . dem Link folgen oder den QR-Code scannen.

www.kompass.de/app/karte

Hier gibt es die ausführliche Anleitung und
alle Informationen zur Nutzung.

Gratis:

- Zoombare Karte
- GPS – immer wissen, wo man ist

INHALTSVERZEICHNIS

DIE REGION
Für wanderbare Wunderwelten

OUTDOOR THEMEN
Action	**8**
Aktiv	**10**
Kinder	**12**
Natur	**14**
Schlechtwetter	**16**

WANDERTOUREN
1 Rothenburger Panoramaweg	**20**
2 Kochersteig	**22**
3 Jagststeig	**24**
4 Bühlersteig	**26**

RATGEBER
Für einfache Orientierung

DETAILKARTEN
1 Rothenburg ob der Tauber	**32**
2 Crailsheim	**34**
3 Schwäbisch Hall	**36**
4 Ellwangen (Jagst)	**38**
5 Aalen	**40**

IMPRESSUM
und Kontakt

Hohenloher-Freilandmuseum, Handwerkerhaus

Rothenburg ob der Tauber

DIE REGION
Für wanderbare Wunderwelten

Die Region Hohenlohe erstreckt sich zwischen den Flüssen Jagst, Kocher und Tauber und ist bekannt für ihre malerischen Städte und Dörfer, prachtvolle Schlösser und mächtige Kirchenbauten. Ursprünglich war Hohenlohe ein dynastischer Begriff. Das Gebiet entspricht der ehemaligen Grafschaft des heute noch existierenden Adelsgeschlechts Hohenlohe. Die Hohenloher Ebene wird geprägt durch ursprüngliche, ruhige Wälder, während im Kochertal Weingärten das Bild charakterisieren.

Entlang der Flusstäler reihen sich romantische Städte und Orte, allen voran die weltberühmten Fachwerkstädte Dinkelsbühl und Rothenburg ob der Tauber (siehe SCHLECHTWETTER). Hier findet man aber auch prächtige Schlösser und schöne Kirchen und Kapellen. Was bietet sich also mehr an, als die Flusstäler zu Fuß oder mit dem Fahrrad zu erkunden, um Natur und Kultur in Hohenlohe richtig kennen zu lernen.

Der Kocher-Jagst-Trail durchzieht als Fernwanderweg mit drei Pfaden und insgesamt 12 Etappen das Hohenloher Land. Dieser einmalige Weitwanderweg führt durch ursprüngliche Landschaften, tief eingeschnittene Täler und ausgedehnte Wälder und zu kulturhistorischen Schätzen wie sehenswerten Städten, eindrucksvollen Schlössern und bezaubernden Kirchen. Der (durchgängig beschilderte) Trail, auf dem man am besten die Landschaft von all ihren Facetten kennen lernt, unterteilt sich in den Jagststeig mit vier Tagesetappen, den Kochersteig mit drei Tagesetappen und den Bühlersteig (ebenfalls drei Tagesetappen). Zusammen ergibt sich ein Rundweg von 193 km Länge, Sie können sich jedoch nach Lust und Laune auch einfach eine der Etappen für einen Tagesausflug auswählen. Ab Seite 22 stellen wir Ihnen den Fernwanderweg mit seinen drei Steigen durch die Flussgebiete von Kocher, Jagst und Bühler unter unseren Wandertipps vor.

Wer vom vielen Wandern hungrig geworden ist, dem sei die Hohenloher Küche ans Herz gelegt – zu Recht darf sich Hohenlohe als die erste offizielle Genießerregion Baden-Württembergs bezeichnen. Besonders gerne isst man hier traditionellerweise Spätzle als Beilage zu diversen Gerichten, Maultaschen und Kartoffelsalat. Beliebt sind aber auch die regionalen Fleischspezialitäten wie Boeuf de Hohenlohe, Limpurger Weideochse und Schwäbisch-Hällisches Landschwein. Dazu kredenzt man gerne Hohenloher Bier oder Wein.

ACTION
Für mutige Abenteurer

Hoch in den Lüften eröffnet sich die Hohenloher Landschaft ihren Betrachtern besonders eindrucksvoll. Eine Fahrt mit dem Heißluftballon oder ein Rundflug mit einem Segelflugzeug zählt zu den unvergesslichen Erlebnissen. Ein völlig anderes, aber ebenso großartiges Landschaftserlebnis eröffnen Touren quer durch das Land, etwa mit dem Motorrad oder dem Fahrrad.

HAPPY BALLOONING | Happy ist nicht nur der Ballon mit Smiley, sondern auch die Mitfahrer bei ihrer Reise durch die Lüfte über Rothenburg und das Taubertal. Nach den Vorbereitungen am Boden, bei denen Sie mit anpacken können, geht es hoch hinaus. Die Fahrt durch das Luftmeer liegt in den „Händen" des Windes, der Fahrtrichtung und Landeort „bestimmt". Nach der Landung folgt nach alter Tradition die Ballonfahrertaufe, auf die mit einem Glas Sekt angestoßen wird. Als Erinnerung erhalten die eben in den Adelsstand erhobenen Ballonfahrer eine persönliche Taufurkunde, ehe es zurück zum Startpunkt geht.

Tel. +49 9861 87888
www.happy-ballooning.de

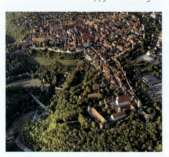

KLETTERWALD ROTHENBURG OB DER TAUBER (VS G 1) | Hier kann jede und jeder seine persönlichen Grenzen austesten. Im Kletterwald Rothenburg stehen 14 Parcours zur Wahl mit insgesamt 140 Kletterelementen. Vom leichten Eulen-Parcours in 1,8 m Höhe (für Kinder ab 5 Jahren) bis zum schweren Gorilla-Parcours in ca. 17 m Höhe (für geübte Kletterer) ist alles dabei! Das klingt nach Abenteuer für die ganze Familie! Wer sich traut, kann am Tarzanseil schwingen, Steilwände erklimmen, in ein Netz springen oder über wackelige Seile von bis zu 120 m Länge balancieren.

Blinksteige
D-91541 Rothenburg ob der Tauber
Tel. +49 175 8050153
kletterwald-rothenburg.com

AERO-CLUB DINKELSBÜHL | Leidenschaftliche Flieger zieht es zum Flugplatz Dinkelsbühl-Sinbrinn östlich von Dinkelsbühl, der vom Aeroclub Dinkelsbühl betrieben wird. Gästen bietet der Aeroclub die Möglichkeit, mit einem erfahrenen Piloten im Segelflieger abzuheben und dann zum Beispiel den Hesselberg oder die Altstadt von Dinkelsbühl aus der Vogelperspektive zu erkunden. Für ganz Unerschrockene gibt es auch die Möglichkeit zum Fallschirmspringen, das über den Verein Skydive Ries organisiert wird. Bei einem Tandemsprung geht es aus einer Höhe von rund 3.000 m mit 200 km/h im freien Fall zunächst der Erde entgegen, ehe sich das Tempo nach der Schirmöffnung erst verringert und Sie schließlich nach diesem Kick sicher auf dem Sprungplatz landen.

Flugplatzstraße 1
D-91550 Dinkelsbühl
Tel. +49 9851 9571
www.aeroclub-dinkelsbuehl.de
www.skydive-ries.de

MOTORRAD-TOUR DURCH DAS ROMANTISCHE FRANKEN (VS G–I 1–4; RS I 5/6) | Die Romantische Straße gilt als Deutschlands älteste und beliebteste Ferienstraße. Sie verbindet Würzburg mit Füssen und führt durch eine Landschaft voll Geschichte, Kunst und Kultur. Im vorliegenden Kartenausschnitt bietet sich eine Motorrad-Tour durch die herrliche Landschaft von Rothenburg ob der Tauber bis nach Dinkelsbühl an. Die Tour verspricht Abenteuer und Genuss. Vom mittelalterlichen Rothenburg ob der Tauber (siehe SCHLECHTWETTER) geht es zunächst nach Schillingsfürst (siehe NATUR) und weiter über Feuchtwangen nach Dinkelsbühl (siehe SCHLECHTWETTER). Zumindest in den genannten Orten ist ein Zwischenstopp mit Besichtigung ein Muss!

www.romantischestrasse.de

KLETTERN TRAFOHAUS SINBRONN | Ebenfalls in Sinbronn nahe Dinkelsbühl kann im Trafohaus auf einer Fläche von rund 100 m² geklettert werden. Der DAV-Kletterturm ist rund 8 m hoch, insgesamt sind 23 Routen der Schwierigkeitsgrade 4 bis 9 eingeschraubt. Die Kletterausrüstung kann vor Ort entliehen werden.

Amperestraße
D-91550 Dinkelsbühl
Tel. +49 9851 7070
www.alpenverein-dinkelsbuehl.de

RADTOUR HOHENLOHER EBENE – FRANKENHÖHE (RS F–H 2/3) | Eine rund 65 km lange Radtour führt von Diebach nach Wettringen und über Wallhausen, Schnelldorf, Wörnitz und Schillingsfürst bis zum Ziel in Insingen. Fahrtzeit 4½ Stunden. Diese Radtour ist Teil des „Radschmetterlings", in dem sich ein Radwegenetz in Schmetterlingsform von Diebach bzw. Insingen aus zwischen Hohenloher Ebene und Frankenhöhe erstreckt. Jede dieser vier Touren, die die Flügel des Schmetterlings darstellen, entspricht einer Tagestour mit rund 70 km Länge.

AKTIV
Für vielseitigen Freizeitspaß

„Was ich nicht erlernt habe, das habe ich erwandert", meinte einst Johann Wolfgang von Goethe. Die Erwanderung von Hohenlohe bietet lehrreiche und schöne Erfahrungen und eine Fülle aus Natur und Kultur. Die Flusstäler sind jedoch nicht nur mit Wanderwegen erschlossen, auch die Erkundung mit dem Fahrrad oder einem Kanu ist ein besonderes Erlebnis.

KOCHER-JAGST-RADWEG (RS A–F 5–8) | Den beiden Zwillingsflüssen Kocher und Jagst führt ein gleichnamiger Radweg auf 332 km entlang durch die reiche Kulturlandschaft. Auf der Etappe „Oberes Kochertal" durchquert man das vorliegende Kartengebiet von Aalen bis nach Schwäbisch Hall. Ca. 67 km lang ist die Strecke, die an den Ursprüngen des Kochers ab Aalen startet und Sie, dem Flusslauf folgend, in nordöstlicher Richtung erst nach Abtsgmünd, Gaildorf und schließlich in die ehemalige Freie Reichsstadt Schwäbisch Hall bringt. Die Fahrtzeit dieser leichten Tour mit geringen Steigungen beträgt rund 5 Stunden.

www.kocher-jagst.de

SCHENKENSEEBAD (VS A/B 4; RS A/B 5)| Sport, Spaß und Entspannung vereinen sich unter dem Dach des Schenkenseebades. Das Freizeitbad mit dem 50-Meter-Sportbecken lädt zur aktiven Betätigung, während man auf der X-Tube und in der Black-Hole-Rutsche vor allem Abenteuerlustige findet. Das warme Außenbecken ist etwas fürs Wohlbefinden. Wohltuend ist auch der Aufenthalt im 1.500 m² großen Premium-Saunapark. Von Mai bis September öffnet das Freibad seine Pforten. Dazu ist dem Schenkenseebad das Bowling-Center mit 6 Bahnen und modernster Technik angeschlossen.

Schenkenseestraße 76
D-74523 Schwäbisch Hall
Tel. +49 791 40128
www.schenkenseebad.de

GOLFPARK ROTHENBURG-SCHÖNBRONN (VS H/I 2) |

Rund um ein altes Hofgut, welches 1898 als Gutshof mit Gaststätte und Fremdenzimmern errichtet wurde, ist der moderne 18-Loch-Meisterschaftsplatz des Golfparks Rothenburg-Schönbronn angelegt. Das leicht hügelige Gelände, das mit 16 Wasserhindernissen, altem Baumbestand und junger Bepflanzung durchsetzt ist, bietet reizvolle sportliche Herausforderung für Golfer. Gäste sind im Golfpark Rothenburg-Schönbronn herzlich willkommen!

Schönbronn 1
D-91592 Buch am Wald
Tel. +49 9868 959530
golfpark-rothenburg.de

KANU- UND BOOTSFAHRTEN AUF JAGST UND KOCHER |

Die beiden Flüsse Kocher und Jagst durchfließen auf ihrem Weg einen großen Ausschnitt der WK Hohenlohe, Ellwanger Berge und bieten im Zuge einer Kanu- oder Bootsfahrt eine einmalige Gelegenheit, die Natur aus einer neuen Perspektive zu erkunden. Wer auf eigene Faust loszieht, sollte sich unbedingt vorab über etwaige aktuelle Beschränkungen informieren, denn die beiden Gewässer sind sehr sensibel. Am besten ist, man schließt sich einer organisierten Tour einer der erfahrenen und ortskundigen Anbieter an.

www.hohenlohe-schwaebischhall.de/
erlebnis/hohenlohe-fuer-kinder/
wild-und-sportlich/kanufahren

BUCHER STAUSEE (RS G 8) |

Rund um Ellwangen laden zahlreiche Seen zum Baden und zum Wassersport. Der Bucher Stausee ist einer dieser Seen im Ellwanger Seenland. Hier findet man sogar einen 150 m langen Sandstrand. Der See kann aber auch auf dem Boot erkundet werden – ein Verleih für Ruderboote ist vorhanden. Neben Angeln sind es vor allem die Freizeitangebote rund ums Segeln und Surfen, die Wasserratten an den Stausee ziehen. Rund um den See führt ein barrierefreier Wanderweg. Naturfreunde sollten das Vogelschutzgebiet „Vorbecken Buch" besuchen, in dem sich seit dem Aufstauen zahlreiche seltene Wasser- und Strandvögel eingefunden haben. Von der Anhöhe über dem Naturschutzgebiet oder der Beobachtungsplattform auf dem Damm des Vorbeckens lassen sich die Vögel besonders gut beobachten.

AQUA & VITAL HALLENBAD & SAUNA (RS I 6) |

Wer in Dinkelsbühl nach einem langen Stadtspaziergang abschalten möchte, kann sich im Hallenbad und Saunagarten erholen. Das Bad ist mit seinem Kinderbecken neben dem Sportbecken auch für Familien ein Anlaufpunkt. Der Saunagarten ist mit römischer Dampfbadsauna, Blockhaussauna, Erdsauna und Panoramasauna sowie einem Salarium ausgestattet. Eine Wohltat für Körper und Seele.

Kinderloreweg 2
D-91550 Dinkelsbühl
Tel. +49 9851 7299
www.sw-dinkelsbuehl.de/de/baeder/
hallenbad.html

KINDER
Für kleine Helden

Natur und Kultur bieten nicht nur Erwachsenen eine Vielfalt an Unternehmungen, auch Kinder können aus einer reichen Palette an Angeboten auswählen. Darunter sind ein entzückendes Marionettentheater, ein Feuerwehrmuseum, der Zauberwald Fichtenau, die Wasserwelt Sulzbach-Laufen, der Walderlebnispfad Tännli und der Abenteuerspielplatz in Dinkelsbühl. Ideal für einen Ausflug oder einen kurzen Zwischenstopp zum Austoben!

GERHARDS MARIONETTENTHEATER (RS A 5) | Hier wird seit 1925 Klein und Groß verzaubert. Denn so lange ist es her, dass Fritz Gerhards einst ein Theater gründete, das seit 1982 als stationäres Theater im Schafstall zu den größten Marionettentheatern Baden-Württembergs zählt. Die Inszenierungen sind aufwändig gestaltet und richten sich an Kinder, Jugendliche und Erwachsene. Das Repertoire des einzigartigen Marionettentheaters umfasst Werke wie „Das kleine Gespenst", „Der gestiefelte Kater", „Die kleine Hexe" oder „Der satanarchäolügenialkohöllische Wunschpunsch".

Im Lindach 9
D-74523 Schwäbisch Hall
Tel. +49 791 48536
www.gerhards-marionettentheater.de

ZAUBERWALD FICHTENAU (RS H 6) | Märchenhaft geht es auch im Wald von Fichtenau zu! Denn wer durch das von Zauberern bewachte Tor schreitet, tritt ein in eine Welt der Trolle, Zwerge, Hexen und Feen. 80 aus Holz geschnitzte Skulpturen – kleine und große wundersame Gestalten, Tiere und Pflanzen – bewohnen den Zauberwald Fichtenau, durch den ein rund 1 km langer Pfad führt, der am Parkplatz am Nordrand des Ortsteils Wildenstein am Stockweiher startet. Immer wieder gilt es, an den Stationen Aufgaben zu lösen, wie zum Beispiel beim Tierweitsprung, wo man sich mit Reh oder Wildschwein messen kann. Verpassen Sie nicht einen Abstecher zum Spielplatz der Riesen mit Kletterwand, Rutsche und Ausguck des Krähennestes.

WASSERWELT SULZBACH-LAUFEN
(RS C 7) | Wasser ist ein lebensnotwendiges Gut. Um Kindern die Bedeutung von H_2O bewusster zu machen, führt in der Gemeinde Sulzbach Laufen der ca. 5 km lange Rundwanderweg „Wasserwelt", der mit dem Kinderwagen befahrbar ist, zu 6 Themenstationen. Riesige Holzskulpturen sowie Schau- und Aktivsegmente bringen Kindern das Thema mit viel Spaß näher! Dabei erfahren sie allerhand Interessantes über die „Apotheke in Wald und Flur" oder „Tiere an Bächen, Quellen und Tümpeln". Der Rundwanderweg startet direkt an der Wasserwelt am Eisbach in Sulzbach.

WALDERLEBNISPFAD TÄNNLI
(RS A/B 7) | Im Zuge eines Projekts mit dem Motto „Wald verzaubert" wurde dieser Walderlebnispfad gebaut. An elf Stationen steht das spielerische Entdecken des Lebensraumes „Wald" im Mittelpunkt. So erfahren Kinder u. a. was ein Baum alles verraten kann und welche unglaublichen Tierrekorde es gibt. An der Waldkugelbahn ist es spannend zu sehen, welche Kugel am schnellsten rollt. Das wohl größte Highlight dieses Erlebnispfades ist der Märchenwald, in dem Hänsel und Gretel, Rotkäppchen und Dornröschen jeden Besucher verzaubern. Auf Anfrage besteht die Möglichkeit, an einer geführten Wandertour teilzunehmen.

Gmünder Straße 2
D-74417 Gschwend
Tel. +49 7972 681-0
www.gschwend.de

HALLER FEUERWEHRMUSEUM
(VS A 4; RS A 5) | Feuerwehrautos und -männer bzw. -frauen wecken in vielen Kindern Begeisterung. Und auch Erwachsene interessieren sich für den Kampf gegen das Feuer. Das Feuerwehrmuseum in Schwäbisch Hall zeigt, mit welchen Techniken die Feuerwehr anno dazumal Brände löschte. Unter den 6.000 Exponaten finden sich mittelalterliche Stoßspritzen aus Holz, Europas größte Sammlung historischer Feuerwehrhelme sowie sämtliche Feuerwehrfahrzeuge aus Schwäbisch Hall und Crailsheim seit 1925 in Miniaturausführung. Das Feuerwehrmuseum öffnet seinen Besuchern jeden 1. und 3. Sonntag im Monat seine Pforten.

Ripperg 3
D-74523 Schwäbisch Hall
Tel. +49 791 9782140
www.hallerfeuerwehrmuseum.de

ABENTEUERSPIELPLATZ BLEICHE
(RS I 6) | Wer mit Kindern das Fachwerkstädtchen Dinkelsbühl (siehe SCHLECHTWETTER) erkundet, tut gut daran, zwischendurch einen Abstecher zum Abenteuerspielplatz Bleiche zu wagen. Hier können sich die Kids einmal ordentlich austoben! Der schön gestaltete Spielplatz mit kleinem Bäuerlinsturm, Kletterwänden wie eine Stadtmauer und historischen kleinen Häuschen wirkt wie „Klein-Dinkelsbühl" zum Spielen, Klettern, Schaukeln... Die Größeren können sich im Boulespielen versuchen.

NATUR
Für vielfältige Entdeckungen

Ruhige, ursprüngliche Wälder sind hier noch zu finden. Kein Wunder, dass Pflanzen und Tiere sich in so einer Region wohlfühlen. So gedeihen beispielsweise im Naturpark Frankenhöhe im östlichen Kartenausschnitt Bergthymian, Orchideen, Adonisröschen, Küchenschellen und Weinbergtulpen und auch die Tierwelt ist reich an Arten, darunter Schwarz- und Damwild, Füchse oder Marder.

HOHENLOHER FREILANDMUSEUM WACKERSHOFEN (RS A 5) | Das Hohenloher Freilandmuseum lädt ein zu einer Zeitreise... In eine Zeit, in der es weder Strom geschweige denn Internet gab. Auf dem Gelände finden sich 70 historische Gebäude aus dem 16. bis 20. Jahrhundert wie Bauernhöfe, Handwerkerhäuser, Mühlen, Schulhaus, Gefängnis, die alle aus der Region Württembergisch Franken stammen. Die Ausstattung mit Mobiliar, Handwerksgeräten, hauswirtschaftlichen Utensilien und Kleidungsstücken ist ebenso authentisch. Auch das Umland ist mit Feldern und Gärten sowie Bauernhoftieren historischer Rassen wie einst gestaltet.

Dorfstraße 53
D-74523 Schwäbisch Hall-Wackershofen
Tel. +49 791 971010
www.wackershofen.de

FALKENHOF SCHLOSS SCHILLINGSFÜRST (VS H 2) | Wahrzeichen der Stadt Schillingsfürst ist das Barockschloss der Fürsten zu Hohenlohe-Schillingsfürst mit seinen eindrucksvollen Museumsräumen, die Einblick in die Vergangeheit des Adelsgeschlechts Hohenlohe bieten, und Parkanlagen. Ein besonderes Erlebnis bietet der Fürstliche Falkenhof Schloss Schillingsfürst. Highlight sind zweifelsohne die Flugshows mit Adlern, Geiern, Falken und Bussarden, die Besucher aus nächster Nähe miterleben können, sowie ein Gang durch den Eulengarten.

Am Wall 14
D-91583 Schillingsfürst
Tel. +49 9868 201
www.schloss-schillingsfuerst.de
www.falkenhof-schillingsfuerst.de

VILLA MIT VOGEL- UND TIERPARK CRAILSHEIM (VS F 4, RS F 5) |

Auf dem Kreckelberg von Crailsheim steht die markant gelbe Villa mit dem angeschlossenen Tierpark des Vereins „Vogelfreunde Villa", beides jeweils an Sonn- und Feiertagen von Mai bis Mitte Oktober geöffnet. Im Tierpark hausen Sittiche, Pfaue, Fasane und diverse Hühnervögel, aber auch Exoten und Amazonen. Dazu gibt es Gehege mit Ponys, Schafen, Kaninchen, Meerschweinchen und Zwergziegen. Der Vogel- und Tierpark ist (zudem bestückt mit einem Kinderspielplatz) somit auch ein ideales Ausflugsziel für Familien mit Kleinkindern. In der Villa ist eine kleine Gaststätte mit Biergarten untergebracht.

Vogeltierpark
D-74564 Crailsheim
Tel. +49 7951 44531

BIELRIET FALKNEREI (VS B 4) |

Wie unterscheiden sich die Habichtartigen, Falken und Eulen? Woran erkennt man deren Flugverhalten? Und welche Eigenheiten zeigen sie bezüglich Beutefangstrategien und Jungenaufzucht? Die Bielriet Falknerei (unterhalb der Burgruine Bielriet) hat sich zum Ziel gesetzt, diese Unterschiede der einzelnen heimischen Greifvogelgruppen zu vermitteln. Auch deren Gefährdung und Schutzmaßnahmen sind Themen der Vorführungen. Da es keine regulären Vorstellungen gibt, sollte man sich vorab telefonisch nach den nächsten Veranstaltungen erkundigen. Wer möchte, kann auch einmal für einen Tag in die Rolle des Falkners schlüpfen.

Hauptstraße 19
D-74549 Cröffelbach
Tel. +49 7906 8066
www.bielriet-falknerei.de

LEYK'S LOTOSGARTEN (VS G 1) |

Vor den Toren der mittelalterlichen Fachwerkstadt Rothenburg ob der Tauber (siehe SCHLECHTWETTER) würde man wohl keinen asiatischen Wassergarten erwarten. Wer jedoch durch das 250 Jahre alte indische Tor in der Erlbacher Straße schreitet, betritt tatsächlich eine andere Welt. Der einzigartige Landschaftsgarten wird geprägt durch Teiche, Bachläufe und kleine Wasserfälle, einen Pagoden-Pavillon und eine Vielzahl asiatischer Pflanzen. Werfen Sie auch einen Blick in die Manufaktur von Leyk's Lichthäuser.

Erlbacher Straße 108
D-91541 Rothenburg ob der Tauber
Tel. +49 9861 8755588
lotos-garten.de

BRUNNENHAUSMUSEUM SCHILLINGSFÜRST (VS H/I 2) |

Das Brunnenhausmuseum Schillingsfürst hält eine ganz besondere Rarität parat: die historische Ochsentretanlage von 1702, einmalig im deutschsprachigen Raum. Sie diente jahrhundertelang als Wasserpumpanlage zur Versorgung des Schlosses der Fürsten zu Hohenlohe-Schillingsfürst. Neben der ehemaligen Brunnenwärterwohnung, dem Wasserturm und der Museumsscheune ist der Kräutergarten als Duft- und Farberlebnis nennenswert.

Brunnenhausweg 25
D-91583 Schillingsfürst
Tel. +49 9868 5889
www.brunnenhausmuseum.de

SCHLECHTWETTER
Für alternative Unternehmungen

Diese Region ist ein wahres Freilichtmuseum! Die mittelalterlichen Fachwerkstädtchen, allen voran Dinkelsbühl und Rothenburg ob der Tauber, genießen dank ihrer Pracht weltweite Bekanntheit. Die Zeit ist hier zwar nicht stehen geblieben, aber das Flair von einst liegt auch heute noch über den engen Gassen mit den bunten, liebevoll restaurierten Häusern, durch die man am besten einfach mit weit offenen Augen hindurchschlendert.

DINKELSBÜHL (RS I 6) | Dinkelsbühl genießt dank seines besonders gut erhaltenen spätmittelalterlichen Stadtbildes weltweite Bekanntheit. Ein Spaziergang durch die verwinkelten Gassen, durch Tore und entlang der Stadtmauer offenbart die Pracht dieses Städtchens, das durch stattliche Kirchen, allen voran der gotische Münster St. Georg, stolze Handelshäuser und die reiche Fachwerkarchitektur geprägt wird. Sehenswert sind außerdem das Haus der Geschichte Dinkelsbühl – von Krieg und Frieden, das im Alten Rathaus untergebracht ist und vom Glück und Unglück der Stadt erzählt, sowie das Museum 3. Dimension, das Holographie, 3-D-Fotografie, Optische Illusionen und mehr zeigt.

www.tourismus-dinkelsbuehl.de

ROTHENBURG OB DER TAUBER (VS G 1) | Diese Kulisse an Fachwerkromantik zieht Touristinnen und Touristen aus aller Welt an! Über der historischen Altstadt von Rothenburg ob der Tauber liegt noch immer mittelalterliches Flair, ein Spaziergang auf der Stadtmauer und durch die engen Gassen ist ein absolutes Muss! Daneben sind es die Museen wie das Reichsstadtmuseum, das Deutsche Weihnachtsmuseum, das Mittelalterliche Kriminalmuseum, das Alt-Rothenburger Handwerkerhaus oder das Grafikmuseum im Dürerhaus, die dafür sprechen, sich für diese weltberühmte Kleinstadt mehr Zeit zu nehmen!

www.rothenburg-tourismus.de

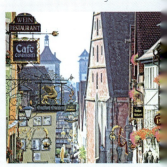

SCHLOSS LANGENBURG (VS C 2/3) |

Das prächtige Schloss Langenburg hoch über dem Jagsttal ist seit dem Jahr 1235 Residenz des Hauses der Fürsten zu Hohenlohe-Langenburg und dient dem hochadeligen Geschlecht derer von Hohenlohe auch heute noch als Wohnsitz. Ein Brand im Jahr 1963 zerstörte das Anwesen beinahe komplett, doch wurde es bald wieder in seiner historischen Form aufgebaut. Das Schlossmuseum gewährt Einblicke in die herrschaftliche Wohn- und Lebenskultur früherer Tage. Zu sehen sind Stilmöbel, Tapisserien, Bilder, Fayencen, Porzellan, Waffen, Rüstungen und Jagdtrophäen. Das ebenfalls hier ansässige Deutsche Automuseum stellt mobile Raritäten, Rennsportmotorräder und aktuelle Supersportwägen aus.

Schloss 1
D-74595 Langenburg
Tel. +49 7905 9419034
www.schloss-langenburg.de

SCHWÄBISCH HALL (RS A 5) |

Die alte Salzsiedestadt Schwäbisch-Hall erwarb im Mittelalter ihren Wohlstand aus dem Salz und hat heute mit seiner historischen Altstadt und dem wunderschönen Marktplatz, auf dem sich Baustile aller Epochen vereinen, einiges zu bieten! Neben dem Hällisch-Fränkischen Museum (siehe rechts) ist die Kunsthalle Würth Anziehungspunkt für Interessierte an Moderner Kunst des 20. und 21. Jahrhunderts.

www.schwaebischhall.de
kunst.wuerth.com

KIRCHBERG AN DER JAGST (VS E 3) |

Kirchberg hat zahlreiche Sehenswürdigkeiten. Hier steht an erster Stelle das ehemalige Residenzschloss der Fürsten von Hohenlohe-Kirchberg. Einen Besuch wert sind auch der barocke Hofgarten mit Orangerie von 1750 sowie der Landschaftspark Sophienberg. Die Stadtkirche, 1731 im Barockstil mit Markgräflerwand erbaut und 1929 ausgebrannt, wurde in zeitgenössischer Neugestaltung wieder aufgebaut. Das Wahrzeichen der Stadt, der 45 m hohe Stadtturm von 1400, wurde als Teil der Stadtbefestigung durch die Reichsstädte Rothenburg, Dinkelsbühl und Hall als damalige Eigentümer der Stadt (bis 1562) errichtet.

HÄLLISCH-FRÄNKISCHES MUSEUM (RS A 5) |

Die über 3.000 m² große Ausstellungsfläche des Hällisch-Fränkischen Museums erstreckt sich über sieben historische Gebäude inmitten des mittelalterlichen Stadtkerns von Hall. Das Museum informiert mit unterschiedlichsten Exponaten über die historische Entwicklung der Region. Im staufischen Keckenturm etwa erfahren die Besucher über acht Stockwerke mehr über die Region Hohenlohe-Franken, von den erdgeschichtlichen Anfängen bis ins 18. Jahrhundert. In der Stadtmühle steht die Zeitspanne von der Französischen Revolution bis heute im Mittelpunkt.

Keckenhof 6
D-74523 Schwäbisch Hall
Tel. +49 791 751-289
www.schwaebischhall.de

KIRCHBERG A. D. JAGST

Stadt KIRCHBERG an der Jagst

Perle des Jagsttales
Erholungsort an der Burgenstraße

- *Abwechslungsreiche Rad- und Wanderwege*
- *Vielfältiges kulturelles Angebot*
- *Interessante Sehenswürdigkeiten*

INFO: Schloßstraße 10
74592 Kirchberg/Jagst
Telefon 0 79 54/98 01-0
Telefax 0 79 54/98 01-19
e-mail: info@kirchberg-jagst.de
www.kirchberg-jagst.de

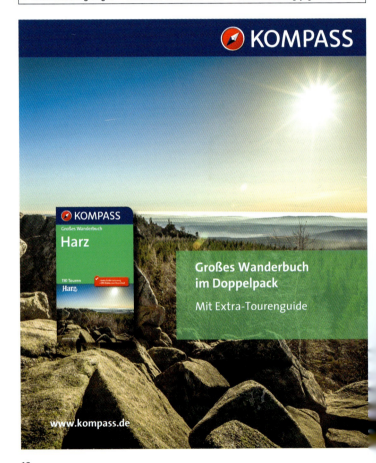

KOMPASS

Großes Wanderbuch im Doppelpack

Mit Extra-Tourenguide

www.kompass.de

Mehr entdecken

weitere KOMPASS Wanderkarten
aus dieser Region

www.KOMPASS.de

WANDERTOUR 1
ROTHENBURGER PANORAMAWEG

Romantische Täler und traumhafte Ausblicke

  6,9 km 2:00 h 245 hm 245 hm

Diese Tour finden Sie im Planquadrat VS G 1

START | Marktplatz Rothenburg.
CHARAKTER | Gemütliche Runde von der Altstadt Rothenburgs auf die Höhe der westlichen Taubertalseite, die fantastische Ausblicke auf die Stadt gewährt. Außerhalb der Stadt sind die Wege mit W6 ausgeschildert.

▶ Wir starten im Herzen der Altstadt Rothenburgs am Marktplatz, der durch die prächtigen Fassaden von Rathaus und Ratsherrentrinkstube, in der sich einst die Ratsherren nach ihren Sitzungen zum Umtrunk trafen und wo heute das Rothenburger Tourismus Service untergebracht ist, geprägt wird. Zunächst folgen wir leicht bergab der Oberen und Unteren Schmiedgasse, dann der Spitalgasse und spazieren über den Wallgrabensteg und die vom Taubertal hochführende Straße.

Wir passieren den Wildbadkomplex und gelangen über den Schmelzmühlensteg zum Taubertalweg. Unmittelbar nach dem Steg zweigen wir rechts ab, überqueren die Schandtauberbrücke und wandern nun entlang der Tauber durch das Gut Wildbad. An der Schwabenmühle treffen wir auf die Staatsstraße 1022. Wir halten uns links und passieren nach rund 50 m die Straße in der Kurve, woraufhin wir auf den Feldweg zum Blinktal gelangen. Der Weg führt uns durch

Panorama von Rothenburg ob der Tauber

Ratsherrentrinkstube am Marktplatz

das romantische Tal zum Amerikanerwäldchen. Wir halten uns rechts, entlang des Waldes, und visieren den Rothenburger Kletterwald an. Rechter Hand zeigen sich die ersten Spitzen der Rothenburger Altstadt, bald darauf eröffnet sich dem Betrachter das ganze Panorama. Leicht abwärts kommen wir zum Rothenburger Hochzeitswäldchen und zur Leuzenbronner Steige. Wir queren die Straße und folgen dem Forstweg durch den Wald zur alten Rothenburger Skischanze (rechts), wo wir erneut den Ausblick auf Rothenburg genießen können. Dem Forstweg weiter folgend geht es nach rechts zum Bismarckdenkmal, rund 200 m darauf stoßen wir auf den Keltenwall der Engelsburg, zweigen jedoch davor links ab und halten uns entlang des Walls bis zur Hangkante. Nun geht es nach rechts, dem Hangweg entlang, hinab ins Taubertal. Wir stoßen auf die Tauber, wenden uns nach links und queren den Fluss an der Steinbrücke. Über die Kurze Steige nun steil bergauf erreichen wir wieder die Stadt, folgen rechts der Stadtmauer. An den Wärterhäuschen des Burgtors abermals rechts und dann links über den Weinberg und vorbei an der Kneippanlage zur Eichanzel. Nun ist es nicht mehr weit – vorbei am Kriminalmuseum und der Johanniskirche zur Schmiedgasse und zum Marktplatz.

WANDERTOUR 2
KOCHERSTEIG

Erster Teil des Kocher-Jagst-Steiges

  56,8 km 16:15 h 1147 hm 1056 hm

Diese Tour finden Sie im Planquadrat VS A–D 2–4

START | Schwäbisch Hall – Hessental.
CHARAKTER | Drei Tagesetappen, die von der ehemaligen Reichsstadt Schwäbisch Hall dem Lauf des Kocher folgend über das Jagsttal und durch das Röthetal in das kleine Blaufelden führen.

▶ 1. Etappe: Schwäbisch Hall-Hessental – Braunsbach (16,5 km, 5:00 h).
Die erste Tagestour des Kochersteigs beginnt gleich mit einem Highlight. Denn für Schwäbisch Hall sollten Sie sich eigentlich schon vorab einen Tag zur Besichtigung einplanen. Die ehemalige Benediktinerabtei, 1075 gegründet, mit ihrer barocken Stiftskirche St. Nikolaus und der rätselhaften Sechserkapelle, ist bereits von der Ferne beeindruckend und sollten Sie sich nicht entgehen lassen. Ebenso Schwäbisch Hall selbst mit seiner historischen Altstadt, dem Hällisch-Fränkischen Museum und der Kunsthalle Würth (siehe SCHLECHTWETTER).

Nun aber los! Vom Ortsteil Hessental in Schwäbisch Hall geht es also vorbei am Kloster Comburg durch die Stadt. Dann wird die Hohenloher Ebene durchquert und man gelangt nach Eltershofen, wo die ehemalige Burg sehenswert ist. Auf gemütlichen Pfaden geht es wieder zurück ins Kochertal. Die nächste Ortschaft auf unserer Wanderung, Geislingen, hat einen schönen historischen Ortskern. Ziel der Tagesetappe ist Braunsbach. Hier thront die Burg Tierberg, eine stauferzeitliche Ritterburg, deren Aufstieg von tausenden Wildtulpen geziert wird.

2. Etappe: Braunsbach – Heimhausen (22,6 km, 6:15 h).
Gestartet wird die zweite Tagestour in Braunsbach, der erste Abschnitt führt entlang des Kocher. Auf dem Weg gelangt man zunächst nach Döttingen mit dem gleichnamigen Schloss, das heute ein Hotel beherbergt. Dann gilt es, die Hohenloher Ebene zu erklimmen, über die man ins Jagsttal gelangt. Der Weiler Unterregenbach an der linken Seite der Jagst beheimatet ein Archäologisches Grabungsmuseum, das die Ortsgeschichte abbildet. Im Keller des Pfarrhauses ist die Krypta der Regenbacher Basilika aus ottonischer

Kloster Comburg bei Schwäbisch Hall

Zeit zugänglich. Unter dem Fußboden der Dorfkirche ist noch der Grundriss der karolingischen Saalkirche zu sehen. Im Kircheninneren sind Teile des aufgehenden Mauerwerks der Kleinen Basilika aus dem 11. Jahrhundert zu sehen. Wer möchte, kann in Buchenbach noch die Chorturmkirche aus dem 12. Jahrhundert mit sehenswerten Wandmalereien besichtigen.Entstation der Tour ist Heimhausen.

3. Etappe: Heimhausen – Blaufelden (17,7 km, 5:00 h).
Von Heimhausen bringt uns der letzte Abschnitt des Kochersteigs zunächst nach Eberbach (wer die Chorturmkirche am Vortag nicht besichtigt hat, kann dies nun nachholen) und dann in das ruhige (weil verkehrsfreie) Rötelbachtal mit zahlreichen schönen Biotopen. Dieses gilt als eines der schönsten Täler des Hohenloher Landes. Über die Hohenloher Ebene gelangt man am Ende des Tages nach Blaufelden mit der Ulrichskirche, einer ehemaligen Wehrkirche. Von hier aus kann man (je nach Kraft, Lust und Laune) am nächsten Tag die erste Etappe des Jagststeigs anvisieren, der hier in Blaufelden startet (siehe WANDERTOUR 3).

WANDERTOUR 3
JAGSTSTEIG

Zweiter Teil des Kocher-Jagst-Steiges

  82,2 km 24:00 h 1012 hm 1039 hm

Diese Tour finden Sie im Planquadrat VS D–G 2–4

START | Bahnhof Blaufelden.
CHARAKTER | Vier Tagesetappen von Blaufelden nach Ellwangen, die durch das Jagsttal und über wald- und weiherreiches Bergland führen.

▶ 1. Etappe: Blaufelden – Kirchberg/Jagst (19,4 km, 5:30 h).
Der erste Streckenabschnitt des Jagststeigs, der den Kochersteig mit dem Bühlersteig verbindet, führt entlang von Blaubach und Brettach durch (im Herbst schön verfärbte) Laubwälder und bietet Weitsichten in die Hohenloher Ebene. Einen Zwischenstopp sollten Sie an der Ulrichskirche in Blaufelden einlegen, ebenso wie an Kirche und Burg Amlishagen. Die Krönung dieser Tagestour ist jedoch der Abschluss. Denn Kirchberg an der Jagst mit seiner historischen Altstadt, dem ehemals fürstlich hohenloheschen Schloss über dem Jagsttal, der barocken Stadtkirche und dem Stadttor mit Stadtturm ist ein besonders malerischer Ort (siehe SCHLECHTWETTER).

2. Etappe: Kirchberg/Jagst – Crailsheim (16,0 km, 4:45 h).
Die zweite Teilstrecke hat die bezaubernde Residenzstadt Kirchberg an der Jagst gleich als Ausgangspunkt. Von hier wandert man nun durch das Jagsttal, das dank seiner Vielfalt an Pflanzen, Tieren und Biotoptypen unter Naturschutz steht. Auf der Hohenloher Ebene zeigen sich dem Wanderer Burgberg, Hohenberg und Braunenberg, ehe man Crailsheim erreicht.

3. Etappe: Crailsheim – Fichtenau-Wildenstein (22,8 km, 6:45 h).
Die dritte Tagestour bringt den Wanderer rasch auf einen sich östlich von Crailsheim ausbreitenden Höhenzug und den Kreckelberg, auf dem Villa und Vogelpark nennenswert sind (siehe NATUR). Es geht weiter zur ehemaligen Schönebürg, von deren Burganlage nur noch Wall- und Grabenreste erhalten sind. Neben dem Denkmal sind eine 300-jährige Eiche und ein Mammutbaum zu bestaunen. Dann geht es durch das romantische Mühlental. An die Rodungsfläche von Großenhub schließt ein Waldgebiet, in dem einige Weiher liegen. Ziel der Etappe ist Fichtenau, in dessen Ortsteil Wildenau die

Kirchberg an der Jagst ist das Highlight der ersten beiden Etappen

Schlossanlage Wildenstein aus dem 16. Jahrhundert sehenswert ist.

4. Etappe: Fichtenau-Wildenstein – Ellwangen (24,0 km, 7:00 h).
Die vierte und letzte Etappe des Jagststeiges hat ihren Ausgangspunkt im Ortsteil Wildenstein in Fichtenau. Von hier geleitet der Weg durch die einsamen Wälder des Virngrundes. Auf dem Weg kommt man an der aus dem Jahr 1229 stammenden Burganlage Rechenberg vorbei. Heute dient das Schloss als Jugendherberge. An heißen Tagen bietet sich gegen Ende der Etappe ein erfrischendes Bad im Kressbachsee nördlich von Ellwangen an. Wer wieder die Wanderschuhe geschnürt hat, wird bald von Ferne die Schönenbergkirche, auch als Wallfahrtskirche „Zu Unserer Lieben Frau" bekannt, auf dem 530 m hohen Schönenberg erblicken. Sie wurde im 17. Jahrhundert nach dem Vorarlberger Münsterschema errichtet. Ein weiterer Höhepunkt bietet sich dem Wanderer am Ende dieser 4-tägigen Tour: Die ehemalige Residenzstadt Ellwangen ist unter anderem bekannt für die ausgedehnte Schlossanlage, in deren Museum die 1200-jährige Kultur und Vergangenheit der ehemaligen Fürstpropstei Ellwangen zu erkunden ist. Die Sammlung umfasst Fürstpröpstliches und Königliches Inventar, Industrie und Handwerk, Kunst und Kultur, eine Puppenstubenausstellung, Malerei, eine Militärausstellung sowie die Schlosskapelle St. Wendelin.

WANDERTOUR 4
BÜHLERSTEIG

Dritter und letzter Teil des Kocher-Jagst-Steiges

  53,2 km 15:30 h 774 hm 837 hm

Diese Tour finden Sie im Planquadrat RS A–F 5–7

START | Ellwangen an der Jagst.
CHARAKTER | Streckenwanderung mit drei Tagesetappen.

1. Etappe: Ellwangen – Rosenberg-Willa (16,2 km, 4:30 h).
Auch der Bühlersteig, der das Jagsttal mit dem Kochergebiet verbindet, bietet bereits am Startpunkt ein echtes Highlight, weshalb es sich empfiehlt, einen Tag zusätzlich einzuplanen, um genügend Zeit zu haben zur Erkundung von Ellwangen. Die Stadt blickt auf eine 1250-jährige Geschichte zurück und bietet ihren Besuchern beeindruckende Kirchen wie die Basilika St. Veit, stolze Bürgerhäuser und liebliche Gassen. Über das Rotenbachtal geht es zunächst leicht aufwärts den Ellwanger Bergen entgegen. Ihr Höhepunkt ist der Hohenberg, von dem aus Wanderer eine großartige Fernsicht genießen. Hier befindet sich auch die Jakobus-

Ellwangen an der Jagst ist der Ausgangspunkt des Bühlersteigs

Landschaft rund um den Schwäbisch Haller Hausberg Einkorn

kirche, deren Wurzeln bis in das 11. Jahrhundert zurückgehen.

2. Etappe: Rosenberg-Willa – Bühlertann (16,1 km, 5:15 h).
Am zweiten Tag steht die Tour von Rosenberg-Willa nach Bühlertann an. Dabei werden einsame Wälder der Ellwanger Berge durchquert, ebenso wie aussichtsreiche Höhen. Ein kurzer Zwischenstopp kann in Bühlerzell und Geifertshofen eingelegt werden. In diesen Orten mit ihren malerischen Fachwerkhäusern sind besonders die Kirchen sehenswert. Etappenziel ist Bühlertann mit der mittelalterlichen Gangolfkapelle.

3. Etappe: Bühlertann – Schwäbisch Hall-Hessental (20,9 km, 5:45 h).
Die dritte und letzte Tagestour führt von Bühlertann nach Schwäbisch Hall, wo der Bühlersteig an den Kochersteig angebunden und somit die Rundtour des Kocher-Jagst-Steigs beendet wird. Erst geht es durch zumeist unbewaldete Gipskeupergebiete, dann erreicht man die Limpurger Berge. Hier bieten sich Wanderern schöne Waldwege und Waldweiher. Vorbei an Michelbach erreicht man alsbald den 510 m hohen Schwäbisch Haller Hausber Einkorn bei Hessental. Auf ihm befindet sich die Ruine einer barocken Wallfahrtskirche, die nach einem Blitzschlag im Jahr 1814 ausbrannte und nie wieder errichtet wurde. Hauptanziehungspunkt des Berges ist jedoch der 28 m hohe Aussichtsturm, der 1893 eröffnet wurde. Von seiner Anhöhe bietet sich ein Blick über die Haller und Hohenloher Ebene bis ins Kochertal. Wir beschließen den Bühlersteig in Schwäbisch Hall, das wir, wenn wir den gesamten Kocher-Jagst-Trail begangen haben, bereits kennen. Ansonsten nutzen wir jetzt die Gelegenheit, es zu besichtigen.

RATGEBER
Für einfache Orientierung

Wir möchten Naturliebhabern im Folgenden zeigen, wie man die Wanderkarte einnordet, sich im freien Gelände orientiert und eine Tour plant.

DIE KARTE MIT KOMPASS EINNORDEN

Am einfachsten ist es, sich mit einem Kompass zu orientieren. Die Kompassnadel zeigt immer nach Norden. Ebenso sind KOMPASS-Wanderkarten immer nach Norden ausgerichtet. Das „N" des Kompasses wird so auf die Wanderkarte gelegt, dass die Ortsbeschriftungen lesbar sind. Nun richtet man diesen auf den Kartenrahmen bzw. im rechten Winkel zu einem Ortsnamen aus. Anschließend dreht man sich mit angelegtem Kompass und Karte um die eigene Achse bis die Kompassnadel in Richtung Norden zeigt. Die Karte ist nun eingenordet und man kann die Himmelsrichtungen bestimmen.

Merksatz:
Nie **O**hne **S**chuhe **W**andern.

DIE KARTE OHNE KOMPASS EINNORDEN

Hat man keinen Kompass zur Hand und möchte die Wanderkarte einnorden, sucht man sich in der Umgebung einen markanten Punkt (Kirchturm, Burg, Seilbahn, Einzelgehöft), der auch in der Karte zu finden ist. Danach zieht man auf der Karte zwischen dem eigenen Standpunkt und dem Orientierungspunkt eine Linie. Wenn man sich nun mit der Karte dreht, sodass diese Linie sich Richtung markanten Punkt im Gelände verlängert, ist die Karte eingenordet. Die obere Kartenkante (Schrift-Leserichtung) zeigt nun nach Norden.

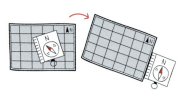
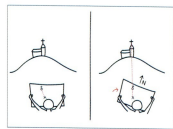

STANDORTBESTIMMUNG

Um den eigenen Standort in der Natur zu bestimmen, eignet sich die gratis KOMPASS-App. Mittels Satellitentechnologie (GPS, Glonass) wird der Standort einfach und genau festgestellt. Aufgrund zu dichter Bebauung oder steil aufragender Felswände können die Signale jedoch nicht empfangen werden. Deshalb ist es wichtig, auch ohne ein technisches Hilfsmittel den eigenen Standort bestimmen zu können.

Zuerst richtet man die Karte ungefähr Richtung Norden aus. Danach sucht man sich in unmittelbarer Umgebung in der Natur einen markanten Punkt (z. B. Kirchturm, Einzelgehöft, Brücke usw.). In Sichtlinie zu diesem Punkt versucht man einen weiteren Orientierungspunkt zu finden. Beide Punkte verbindet man auf der Karte mit einer Linie. Nun versucht man in einem Winkel von 90° zwei weitere Objekte zu finden, die ebenfalls auf der Karte mit einer Linie verbunden werden. Dort, wo sich diese beiden Linien auf der Wanderkarte kreuzen, befindet sich der eigene Standort.

DER MASSSTAB

Auf der Wanderkarte wird die Landschaft immer verkleinert und vereinfacht dargestellt. Der sogenannte Maßstab gibt an, um wie viel das Gelände kleiner eingezeichnet ist.

Steht auf der Karte beispielsweise der Maßstab 1:50 000 so bedeutet dies, dass 1 cm auf der Karte 50 000 cm in der Natur (Wirklichkeit) sind. Wandelt man diese 50 000 cm in Meter um, sind es 500. Das heißt bei einem Maßstab von 1:50 000 entspricht 1 cm in der Karte 500 m in der Natur, bei einem Maßstab von 1:25 000 sind es 250 m.

ENTFERNUNGEN ERMITTELN

Gerade Strecken können gut mit dem Lineal abgemessen werden. Windet sich ein Weg dagegen, so ist es hilfreich, sich eine Schnur zur Hand zu nehmen und die geplante Tour vom Start- bis zum Zielpunkt damit nachzulegen. Anschließend misst man die Länge der Schnur mit einem Lineal.

Zur Ermittlung der tatsächlichen Länge muss eine kleine Rechenaufgabe gemeistert werden.

Formel: abgemessene Länge in cm x Maßstab in m
(Dies ist die Horizontalentfernung.)

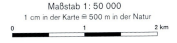

Maßstab 1 : 50 000
1 cm in der Karte ≙ 500 m in der Natur

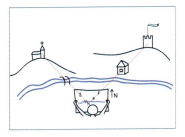

GEHZEITEN

Im Durchschnitt schafft man im flachen Gelände 4 Kilometer pro Stunde. Diese Faustregel findet man auch auf Wegweisern. Kinder brauchen ca. 1,5-mal länger.

Im alpinen Gelände gilt, dass ein Erwachsener – je nach Kondition – in einer Stunde 300 Höhenmeter bergauf bzw. 500 Höhenmeter bergab zurücklegen kann.

GELÄNDEDARSTELLUNG

Um die dreidimensionale Landschaft auf einer zweidimensionalen Wanderkarte realitätsgetreu abbilden zu können, verwenden KOMPASS-Kartografen Höhenzahlen, Höhenlinien und die Schummerung.

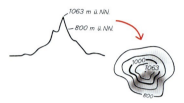

HÖHENZAHLEN

Auf KOMPASS-Wanderkarten befinden sich bei markanten Punkten wie Orten, Berggipfeln und Aussichtspunkten kleine Zahlen, sogenannte Höhenzahlen, die in Metern über Normalnull (NN) angegeben werden. Bezugspunkt für Normalnull ist der mittlere Meeresspiegel in Amsterdam.

Höhenzahl 2420 bei dem Bergnamen Mutenkogel

HÖHENLINIEN

Um ein Gelände auf der zweidimensionalen Karte plastischer darstellen zu können, wird dieses theoretisch in gleichbleibend dicke Scheiben geschnitten. Diese Schnittlinien bezeichnet man als Höhenlinien. Je enger die Höhenlinien beisammenliegen, desto steiler ist das Gelände. Je weiter die Höhenlinien auseinanderliegen, desto flacher ist es. Bei der Planung einer Wanderung ist es auch wichtig darauf zu achten, wie der Wanderweg zu den Höhenlinien verläuft. Kreuzt der Weg die Linien senkrecht, wird es sehr steile Anstiege geben, verläuft er hingegen meist parallel zu den Höhenlinien, wird es eine Wanderung mit wenigen Steigungen sein.

Höhenlinien mit Höhenlinienzahl

SCHUMMERUNG

Um auf einer Wanderkarte Berge realistischer darzustellen, wird eine Schummerung (Grauschattierung) eingezeichnet. So kann der räumliche Eindruck einer Landschaft besser vermittelt werden.

Reliefdarstellung durch Schummerung

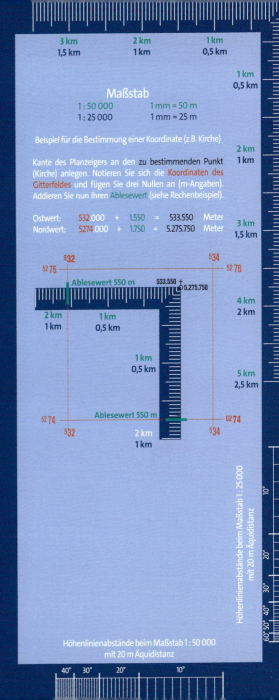

Rothenburg ob der Tauber

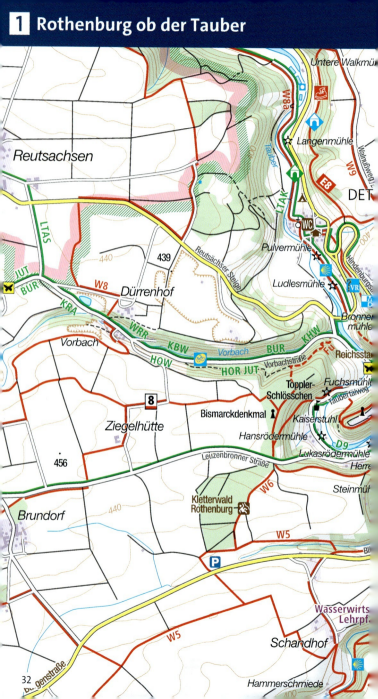

2 Crailsheim

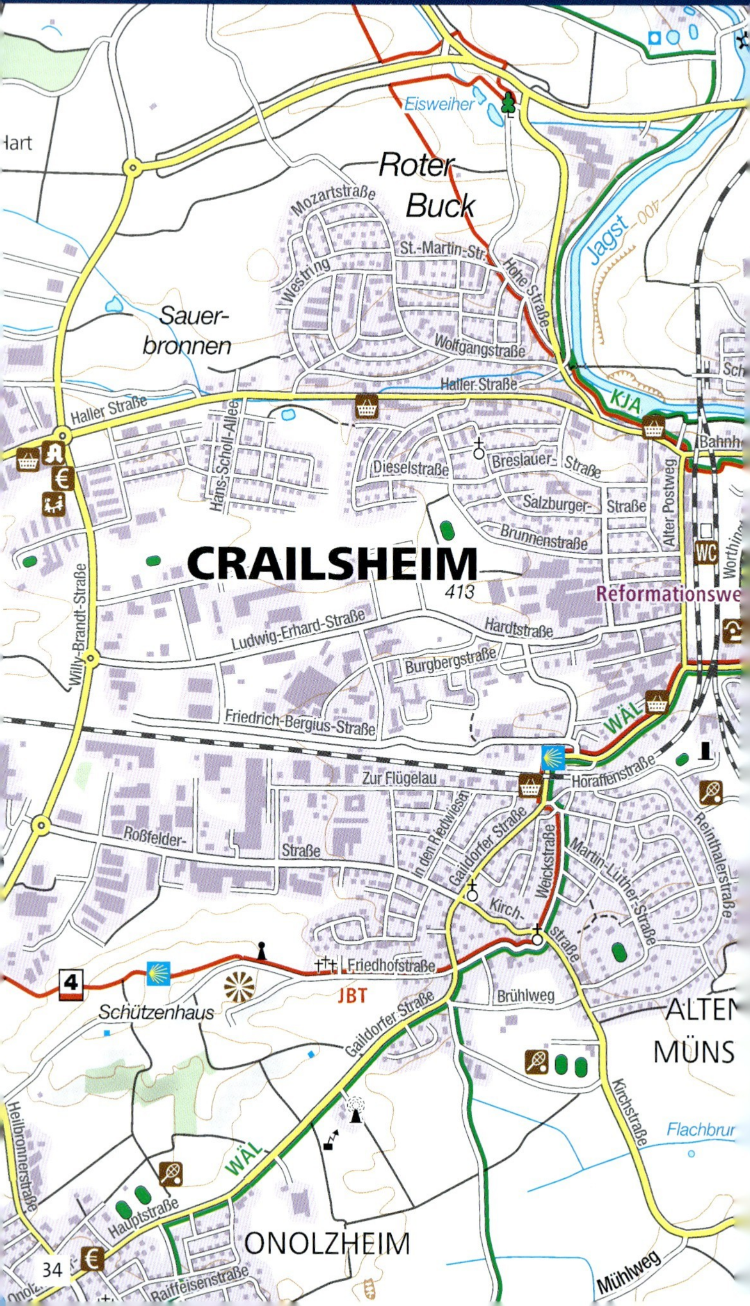

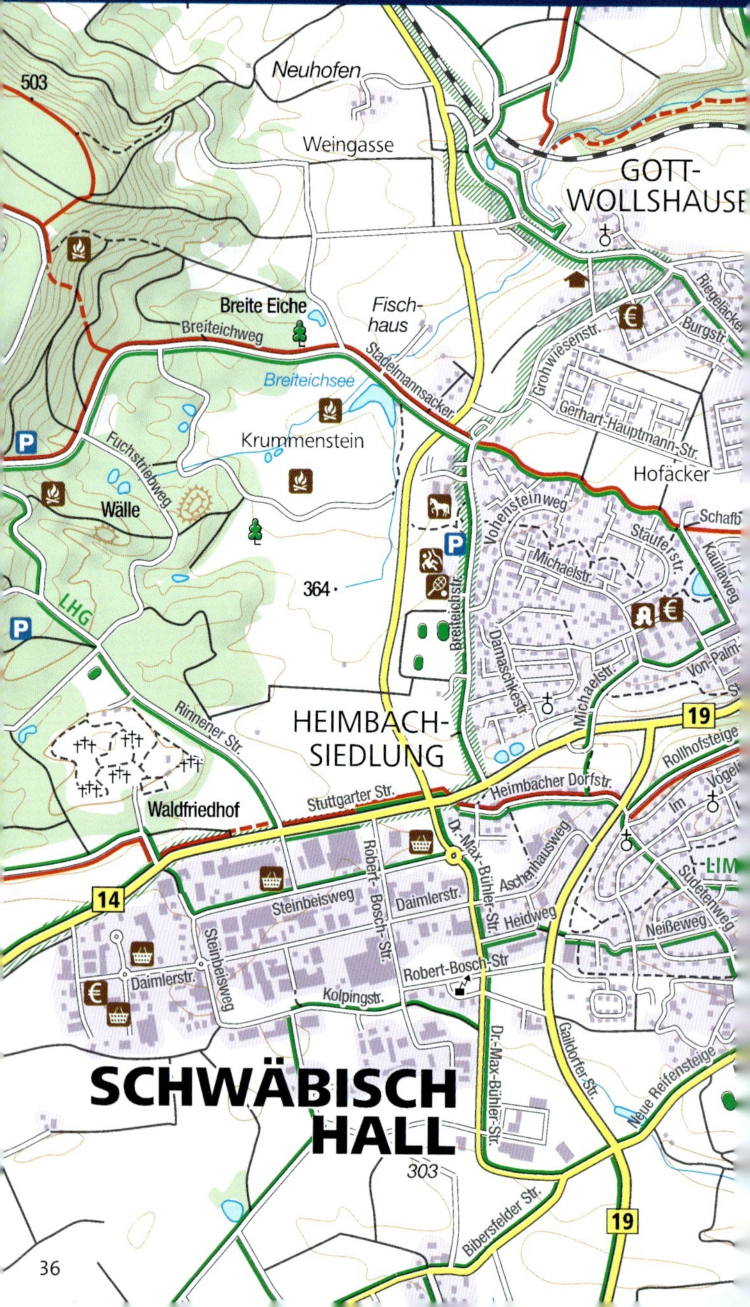
503
Neuhofen
Weingasse
GOTT-
WOLLSHAUSE
Breite Eiche
Breiteichweg
Fisch-
haus
Stadelmannsacker
Breiteichsee
Krummenstein
Grohwiesenstr.
Burgstr.
Riegeläcker
Gerhart-Hauptmann-Str.
Hofäcker
Fuchstriebweg
Wälle
Vohensteinweg
Schafb
Staufenstr.
Kaullaweg
Michaelstr.
364
LHG
Breiteichstr.
Damaschkestr.
Michaelstr.
Von-Palm
Rinnener Str.
HEIMBACH-
SIEDLUNG
19
Rollhofsteige
Vogel
Im
Heimbacher Dorfstr.
Stuttgarter Str.
Waldfriedhof
Dr.-Max-Bühler-Str.
Aschenhausweg
LIM
Sudetenweg
14
Robert-Bosch-Str.
Steinbeisweg
Daimlerstr.
Heidweg
Neißeweg
Steinbeisweg
Daimlerstr.
Robert-Bosch-Str.
Kolpingstr.
Dr.-Max-Bühler-Str.
Gaildorfer Str.
Neue Reifensteige
SCHWÄBISCH
HALL
303
Bibersfelder Str.
19

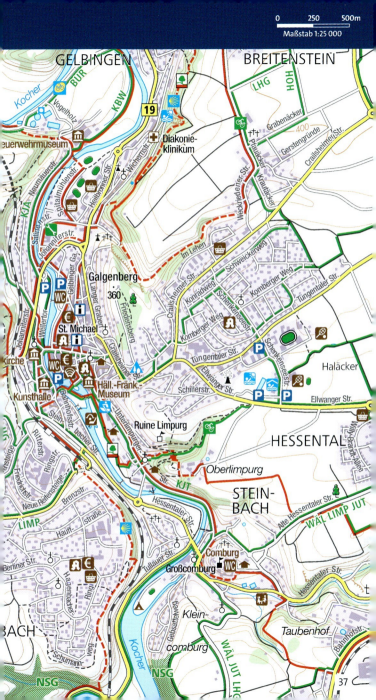

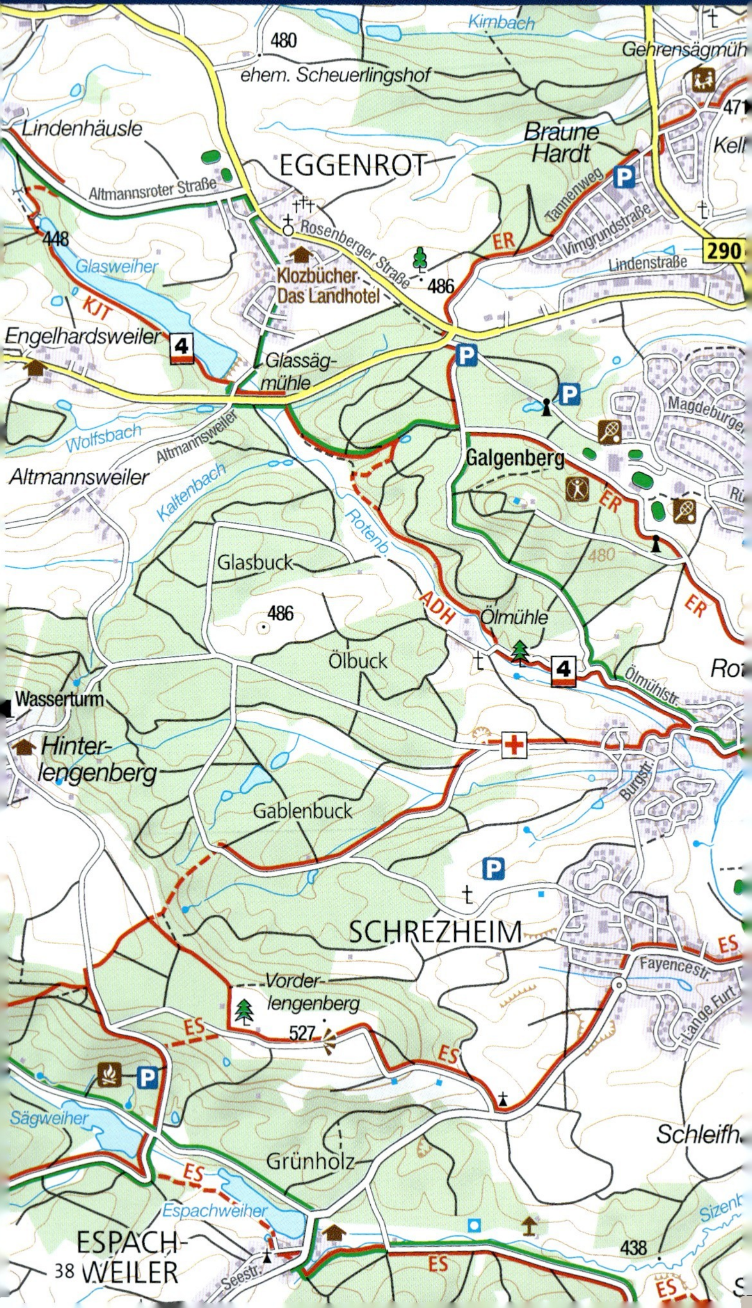
Kirnbach
480
ehem. Scheuerlingshof
Gehrensägmühle
471
Lindenhäusle
Braune Hardt
Kell
EGGENROT
Tannenweg
Altmannsroter Straße
Vimgrundstraße
448
Rosenberger Straße
ER
290
Glasweiher
Lindenstraße
Klozbücher Das Landhotel
486
KJT
Engelhardsweiler
4
Glassäg-mühle
Magdeburger
Wolfsbach
Altmannsweiler
Galgenberg
Altmannsweiler
ER
Kaltenbach
Rotenb.
480
Glasbuck
486
ADH
Ölmühle
ER
Ölbuck
4
Rot
Ölmühlstr.
Wasserturm
Hinter-lengenberg
Burgstr.
Gablenbuck
SCHREZHEIM
ES
Fayencestr.
Vorder-lengenberg
Lange Furt
ES
527
ES
Sägweiher
Schleifh.
Grünholz
ES
Espachweiher
Sizenb.
ESPACH-WEILER
438
Seestr.
ES
ES

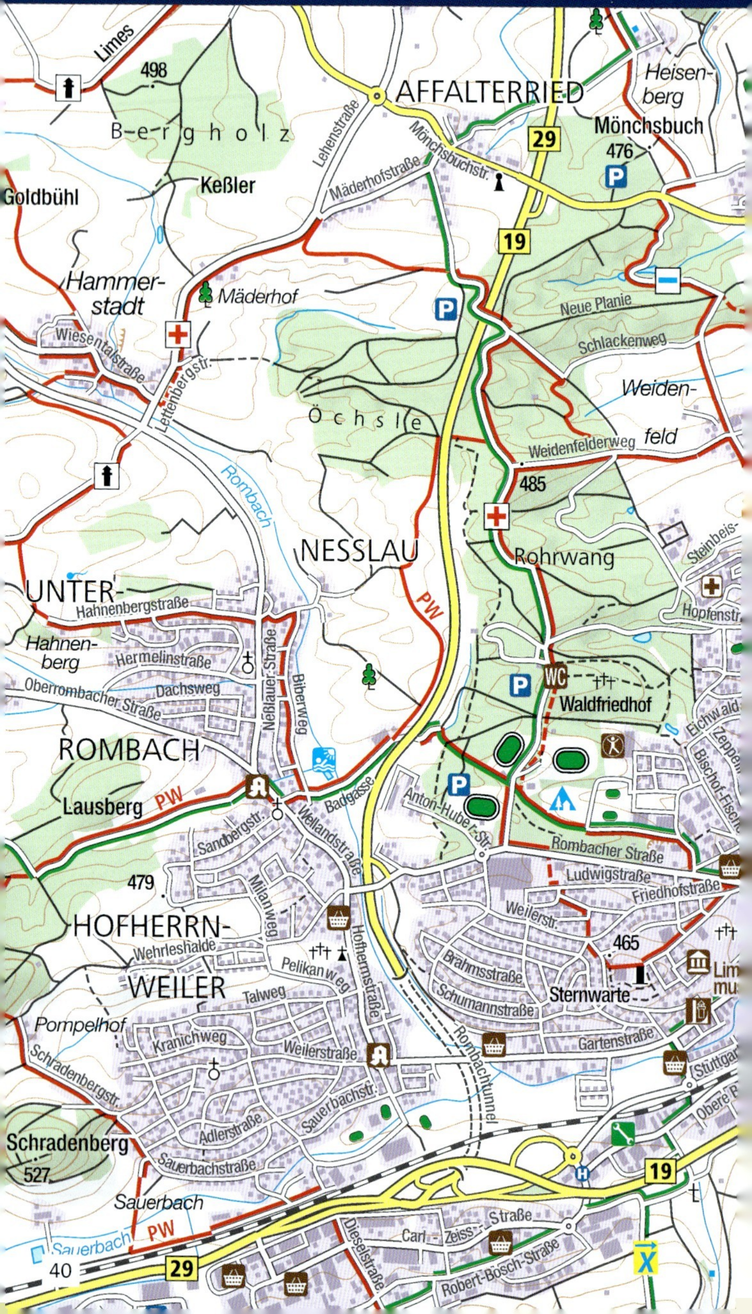
Limes
498
Bergholz
AFFALTERRIED
Heisenberg
Mönchsbuch
476
29
19
Lehenstraße
Mäderhofstraße
Mönchsbuchstr.
Goldbühl
Keßler
Hammerstadt
Mäderhof
Wiesentalstraße
Lettenbergstr.
Neue Planie
Schlackenweg
Weidenfeld
Öchsle
Weidenfelderweg
485
Rombach
NESSLAU
Rohrwang
Steinbeis-
UNTER-
Hahnenbergstraße
Hahnenberg
Hermelinstraße
Dachsweg
Oberrombacher Straße
Neßlauer Straße
Biberweg
PW
Hopfenstr.
WC
Waldfriedhof
ROMBACH
Lausberg
Badgasse
Anton-Huber-Str.
Wellandstraße
Sandbergstr.
Rombacher Straße
Ludwigstraße
Friedhofstraße
479
Milanweg
Weilerstr.
HOFHERRN-
WEILER
Wehrleshalde
Pelikanweg
Hofherrnstraße
465
Brahmsstraße
Schumannstraße
Sternwarte
Talweg
Pompelhof
Kranichweg
Weilerstraße
Rombachtunnel
Gartenstraße
Schradenbergstr.
Sauerbachstr.
Adlerstraße
Schradenberg
527
Sauerbachstraße
Sauerbach
Dieselstraße
Carl-Zeiss-Straße
Robert-Bosch-Straße
Eichwald
Zeppel
Bischof-Fischer
Stuttgart
Obere